CLASSICS

Strohsterne

Inhalt

Strohsterne

Sterne aus Stroh zu basteln, macht nicht nur in der Vorweihnachtszeit Freude. Ich selbst pflegte in meiner Jugend bereits im Sommer an Regentagen meine Strohschachtel herauszuholen und Sterne zu binden. Bis Weihnachten hatte ich eine beachtliche Menge zusammen, die ich an Freunde und Bekannte verschenkte.

Man findet schnell heraus, welche Freunde einen Sinn für die geschenkten Strohsterne haben und mit der notwendigen Sorgfalt mit ihnen umgehen. Eine liebe Verwandte, bereits 90 Jahre alt, hat mir neulich erzählt, dass sie noch jedes Jahr an Weihnachten die Sterne herausholt, die ich ihr vor vielen Jahren geschenkt habe. Das ist doch wirklich ein schönes Kompliment!

Selbstverständlich hat mir diese Leidenschaft, der ich immer noch gerne nachgehe, auch viele Sterne zur Dekoration meines Hauses beschert. Ich bewahre sie fein säuberlich auf, jeden einzeln zwischen Papier gelegt, und jedes Jahr kommen ein paar Sterne mehr hinzu.

Ich wünsche Ihnen ebenso viel Freude beim Basteln und Verschenken von Strohsternen wie es mir und den von mir Beschenkten bereits über viele Jahre bereitet.

Inge Walz

Woher kommt der Strohstern?

„Es begab sich aber zu der Zeit, dass ein Gebot von dem Kaiser Augustus ausging, dass alle Welt geschätzt würde. Und diese Schätzung war die allererste und geschah zur Zeit, da Quirinius Statthalter in Syrien war. Und jedermann ging, dass er sich schätzen ließe, ein jeder in seine Stadt. Da machte sich auf auch Josef aus Galiläa, aus der Stadt Nazareth, in das jüdische Land zur Stadt Davids, die da heißt Bethlehem, weil er aus dem Hause und Geschlechte Davids war, damit er sich schätzen ließe mit Maria, seinem vertrauten Weibe; die war schwanger. Und als sie dort waren, kam die Zeit, dass sie gebären sollte. Und sie gebar ihren ersten Sohn und wickelte ihn in Windeln und legte ihn in eine Krippe; denn sie hatten sonst keinen Raum in der Herberge."

So beginnt die Weihnachtsgeschichte im Lukasevangelium. Von Stroh ist hier zwar nicht die Rede, aber von der Futterkrippe, in die der kleine Jesus gelegt wurde. Aus der Erwähnung der Krippe schloss man, dass der Heiland in einem Stall geboren wurde, auch wenn das in der Bibel nicht ausdrücklich erwähnt ist. Und vom Stall ist es kein weiter Weg zum Stroh, das dort als Futtermittel dient, aber auch auf den Boden gestreut wird, damit das Vieh weich und vor allem trocken steht.

Nicht nur Sterne, ganze Krippen können aus Stroh gefertigt werden (aus: Weihnachtskrippen selber machen, frechverlag 2005).

Wahrscheinlich ist die Weihnachtsgeschichte mit verantwortlich dafür, dass in vielen Ländern seit langer Zeit Stroh ein beliebtes Dekorationsmaterial in der Weihnachtszeit ist. In Kroatien wird noch heute zu Beginn der Weihnachtsfeiertage Stroh in die Häuser gestreut, ein Brauchtum, das früher auch in Deutschland und Skandinavien gepflegt wurde. Die „Solidarisierung" mit dem Christkind ging mancherorts so weit, dass die Familie an Heiligabend im Stroh übernachtet und am nächsten Morgen auch darin gefrühstückt hat. Gewiss ein aufregendes, wenn auch vielleicht etwas stacheliges Erlebnis.

Ebenfalls in Kroatien, wie auch in Teilen von Portugal und Italien, existiert der Brauch, grünes Getreide als Dekoration aufzustellen: Dazu wird Weizen in ein mit Wasser gefülltes Gefäß gesät. Das kleine Weizenfeld, eventuell geschmückt mit Schleifen und Kerzen, steht dann auf dem Weihnachtstisch, unterm Tannenbaum oder neben der Krippe. Nach Weihnachten werden die Weizenkörner an die Vögel verfüttert, da man aus dieser heiligen Zeit nichts wegwerfen darf.

In Litauen gewährt Stroh sogar einen Blick in die Zukunft. Wenn man an langen Adventsabenden beisammen sitzt, ist es eine beliebte Beschäftigung, Strohhalme, die man unter die Tischdecke gesteckt hat, zu ziehen. Wer den längsten Strohhalm zieht, wird am längsten leben. Wer den dicksten Strohhalm zieht, bleibt gesund.

In Skandinavien ist eine besonders beliebte Figur aus Stroh: Der Julbock, ein aus Stroh gebundener Bock, der die Weihnachtszeit symbolisiert und bisweilen sogar die Geschenke bringt. Das Tier schlägt eine Brücke zwischen der heidnischen Vergangenheit Skandinaviens und der christlichen Gegenwart, erinnert es doch an die Begleiter des Donnergottes Thor. Gott hat Thor besiegt und damit sogar den wilden Bock lammfromm gemacht.

Der Julbock soll böse Geister abhalten (aus: Skandinavische Weihnacht, frechverlag 2005).

Woher aber kommt der Strohstern wirklich? Dazu gibt es eine kleine Legende: Als die Hirten auf dem Felde von den Engeln erfuhren, der Heiland sei geboren, machten sie sich auf, ihn mit Geschenken zu begrüßen. Einer wollte ein wärmendes Schaffell, einer frische Milch, einer etwas Mehl mitbringen. Der kleine Hirtenjunge Nathaniel zerbrach sich verzweifelt den Kopf, was er dem Jesuskind nur mitbringen könnte. Als er so sah, wie der Weihnachtsstern auf sein Strohlager schien, kam ihm eine tolle Idee. Er schnitt ein paar Strohhalme zurecht und band sie mit einem Wollfaden zu einem Stern zusammen. Diesen Stern trug er vorsichtig zum Kind in der Krippe und überreichte ihn ihm. Das Kind hielt den Stern fest und lächelte Nathaniel an.

MATERIAL

- gebleichtes, gefärbtes und naturfarbenes Stroh
- Rauchweizenähren
- Perlen
- Gold- und Silberfaden
- Perlgarn in verschiedenen Farben
- Draht
- Motivlocher

WERKZEUGE UND HILFSMITTEL

Die folgenden Materialien und Werkzeuge sollten Sie zur Hand haben.

- spitze, kleine Schere oder Nagelschere
- kleines scharfes Messer
- UHU Alleskleber kraft
- Klebefilm
- Bügeleisen
- Bügelunterlage
- Flaschenkorken oder kleiner Styroporblock
- Lineal
- Stopfnadel
- Wäscheklammern
- Stecknadeln
- Strohstern-Legeformen

Schritt für Schritt

Material

Stroh gibt es naturfarben, gebleicht oder in verschiedenen Farben im Handel. In der Regel ist es ca. 22 cm lang, die Stärke innerhalb einer Packung variiert allerdings. Es ist sinnvoll, die Strohhalme nach Stärke zu sortieren, dann werden die Sterne schön gleichmäßig.

Bevor man mit dem Sternelegen beginnt, wird das Stroh meist eingeweicht. Danach werden die Halme entweder im Ganzen gebügelt oder sie werden der Länge nach aufgeschnitten und gebügelt. Alternativ kann man sie auch ungebügelt verarbeitet.

Einweichen

Die Strohhalme so lange in warmem Wasser einweichen (ca. 30 Minuten), bis sie weich sind. Wichtig: Das Stroh nach Farbtönen trennen. Gefärbtes Stroh in kaltes Wasser legen, damit es nicht ausfärbt. Gebleichtes Stroh wird schneller weich als Naturstroh.

Stroh bügeln

Die weichen Halme entweder im Ganzen flach bügeln oder jeden Halm mit dem Messer oder der Schere einseitig der Länge nach aufschlitzen. Mit dem Bügeleisen (kein Dampfbügeleisen!) auf einem alten Tuch zuerst auf der Halminnenseite, dann beidseitig flach bügeln. Sollen die Halme gebräunt werden, die Vorderseite einfach länger bügeln. Doch Vorsicht: Das Bügeleisen dabei nicht aus den Augen lassen! Die Halme können auch vorsichtig im Backofen bei geringer Hitze, z. B. nach dem Kuchenbacken, gebräunt werden.

Tipp: Da Stroh ziemlich empfindlich ist, achten Sie bitte darauf, die Spitze des Bügeleisens nicht nach unten zu drücken. Sonst entstehen Druckstellen oder Knicke und das Stroh kann brechen.

Strohstreifen schneiden

Die aufgeschlitzten Strohhalme werden mit der Schere in die angegebenen Breiten geschnitten. Eine andere Möglichkeit, um Strohstreifen zu erhalten, ist es, trockene ganze Halme vorsichtig durch den Strohspalter zu ziehen. Es gibt unterschiedliche Strohspalter, die Halme in zwei bis acht Streifen gleicher Breite teilen. In manchen Legeformen sind Strohspalter integriert.

Tipp: Die Halme, die Sie mit dem Strohspalter in Streifen schneiden, dürfen Sie nicht einweichen.

Mit dem Motivlocher Formen aus dem Stroh stanzen

Mit kleinen Motivlochern können Formen aus dem Stroh gestanzt werden, z. B. kleine Sterne oder Herzen. Dazu den glatt gebügelten Strohstreifen auf der Rückseite mit Klebefilm verstärken, dann die Motive ausstanzen.

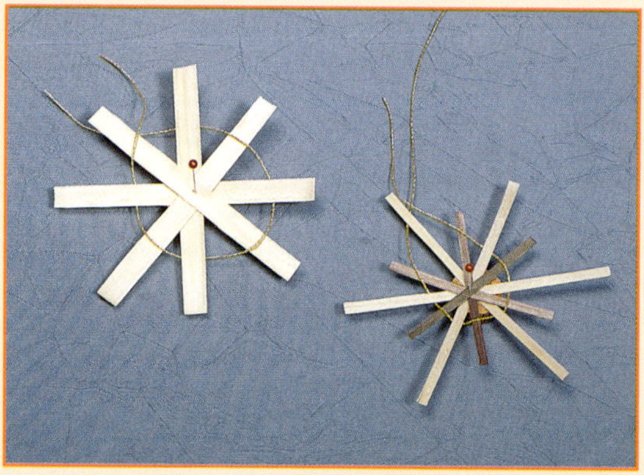

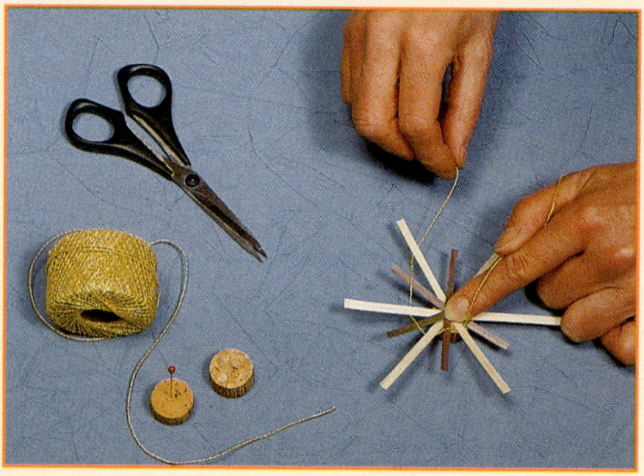

Sterne frei binden mit gebügeltem Stroh

Vor dem Binden ist es ratsam, die Halme nach gleicher Breite und Farbe zu ordnen. Da das gebügelte Stroh sich leicht wölbt, ist es einfacher, den Stern von der Rückseite her zu binden, also so, dass sich die Halme nach oben biegen.

Als Stütze kann eine Korkenscheibe, von einem Flaschenkorken abgeschnitten, oder ein kleiner Styroporblock verwendet werden. Den Stern in der Mitte mit einer Stecknadel fixieren, damit die Halme nicht verrutschen können. Nun den Faden unter den Zeigefinger der Hand legen, die den Stern in der Mitte fixiert, und abwechselnd unter und über den einzelnen Strohhalmen entlang führen. So webt man den Stern zusammen.

Alternativ ist es möglich, den Stern zum Binden an den Tischrand zu legen oder frei in der Hand zu halten. Zum Üben ist die Korkenscheibe oder der Styroporblock jedoch eine große Erleichterung.

Zwei Sterne miteinander verweben

Hierbei werden zwei Sterne versetzt – Lücke auf Lücke – aufeinander gelegt und mit einem Faden zusammengebunden. Auch hier ist es ratsam, die Sterne mit einer Stecknadel auf einer Korkenscheibe oder einem kleinen Styroporblock zu fixieren.

Sterne binden mit ungebügeltem Stroh

Man kann auch ungebügelte, ganze, eingeweichte Naturstrohhalme zu Sternen binden. Hierbei gilt zu beachten: Je nachdem wie fest der Faden angezogen wird, wirkt der Stern flacher oder plastischer. Aber Achtung: Da das Stroh beim Trocknen noch etwas schrumpft, ist es möglich, dass sich einzelne Halme etwas lockern. Wenn der Faden zu fest angezogen wird, besteht die Gefahr, dass die Halme abgedrückt werden. Man muss bei der Fadenspannung das richtige Maß finden. Nach dem Binden und Einschneiden sind die Sterne zum Teil stark gewölbt. Um das zu verhindern, werden sie, solange sie noch feucht sind, mit einem Gegenstand, z. B. einem Buch, vorsichtig beschwert.

Tipps & Tricks

- Wenn Sie Perlen zwischen die Halme fädeln, bestreichen Sie die Fadenenden immer mit Klebstoff und formen Sie sie zu einer Spitze. Das erleichtert das Auffädeln. Die Perlen beim Auffädeln etwas drehen. Sind die Öffnungen zu klein, können Sie bei Holzperlen mit der Schere das Loch etwas vergrößern.

- Die Aufhängeöse können Sie meistens gleich bei der letzten Binderunde anbringen, daher diesen Faden immer etwas länger zuschneiden.

- Der Faden wird grundsätzlich auf der Rückseite angeknotet. Immer die schönere Seite als Vorderseite verwenden und zum Binden umdrehen.

- Strohstreifen können zu Bögen geschwungen werden. Dafür darf das Stroh nicht abgeknickt oder eingedrückt sein, sonst bricht der Streifen an dieser Stelle. Die Streifen in gleicher Länge und Breite zuschneiden und jeden Streifen vorsichtig zwischen Daumen und Zeigefinger durchziehen. So entstehen gleichmäßige Rundungen.

- Ziehen Sie nach dem Binden alle Halme gleich lang. Wenn nötig, können Sie auch noch mit der Schere korrigieren.

- Schneiden Sie die Halme immer erst nach dem Binden ein, damit die feinen Zacken beim Binden nicht abgebrochen werden.

- Bei feinen Einschnitten ist es ratsam, die Halmspitzen vor dem Binden auf der Rückseite mit Klebefilm zu bekleben und damit zu stabilisieren.

- Sind die Halmenden schon trocken, sollten Sie den Stern vor dem Einschneiden der Spitzen nochmals in warmes Wasser legen.

- Wenn Sie die Legeform verwenden, müssen Sie die Strohstreifen evtl. etwas schmäler schneiden, damit sie in die Form passen. Je mehr Lücken übersprungen werden, desto breiter dürfen die Streifen sein.

- Zum Zusammenkleben der Strohspitzen können kleine Wäscheklammern hilfreich sein. Sie vermeiden, dass die Spitzen beim Trocknen verrutschen.

- Sollen die Strohstreifen nicht allzu breit sein, können Sie sie auch mit dem Strohspalter zuschneiden. Die Halme können dazu trocken verwendet und müssen nicht gebügelt werden.

Grundformen

Viererstern

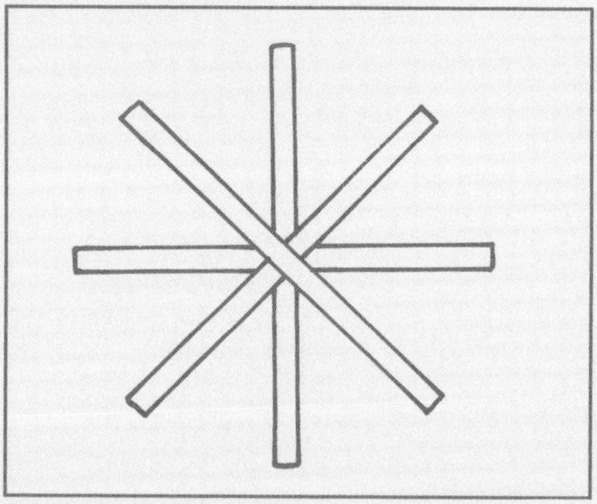

Der Viererstern besteht aus vier Strohhalmen. Zwei Halme kreuzförmig übereinander legen und die beiden anderen Halme auf Lücke so auflegen, dass alle entstandenen Winkel gleich groß sind.

Achterstern

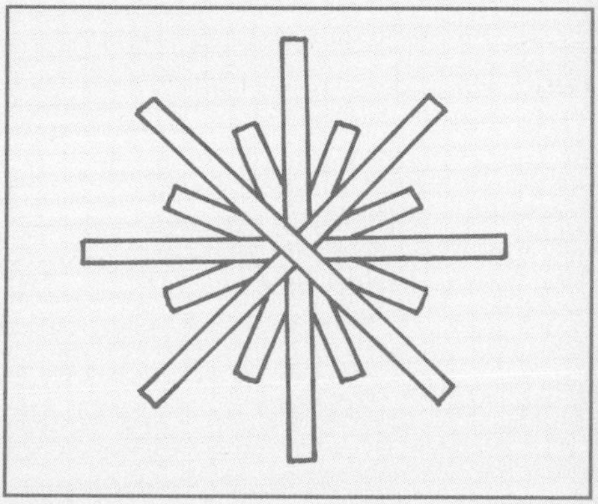

Der Achterstern besteht aus zwei mal vier Strohhalmen bzw. zwei Viererstern.
Entweder zwei Viererstern versetzt aufeinander legen und miteinander verweben. Geübte Bastler können auch auf einen ungebunden Viererstern Lücke auf Lücke weitere vier Halme legen und den Achterstern in einem Arbeitsgang binden.

Sechserstern

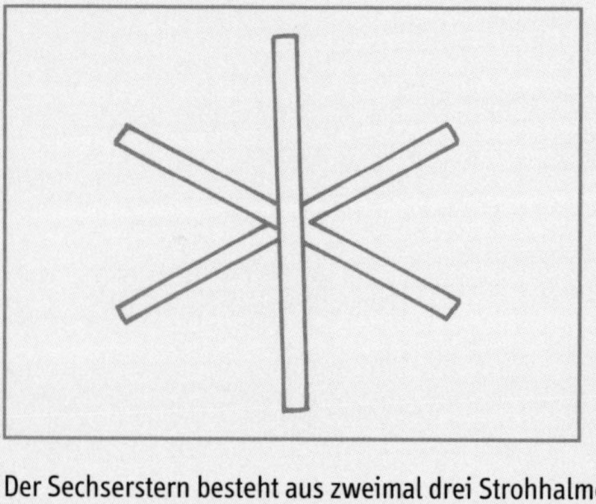

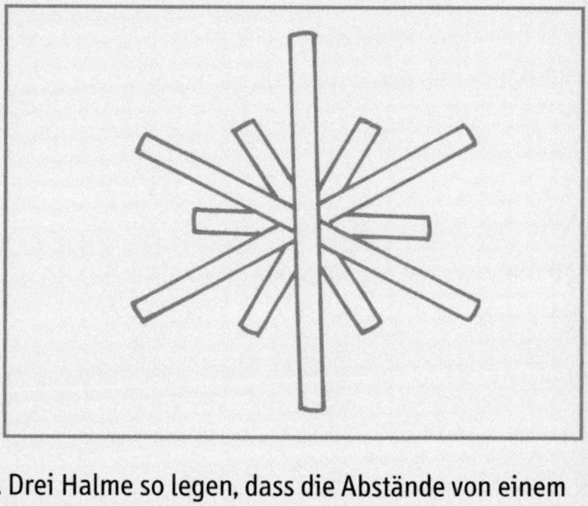

Der Sechserstern besteht aus zweimal drei Strohhalmen. Drei Halme so legen, dass die Abstände von einem zum anderen Halm gleich groß sind (gleichschenkelige Dreiecke). Auf Lücke die restlichen drei Halme legen.

Einfache Sterne binden

Aus 4 mach 8

Ein Viererstern besteht aus vier Halmen.
Viererstern + Viererstern = Achterstern

Aus 8 mach 16

Ein Achterstern besteht aus acht Halmen.
Achterstern + Achterstern = Sechzehnerstern

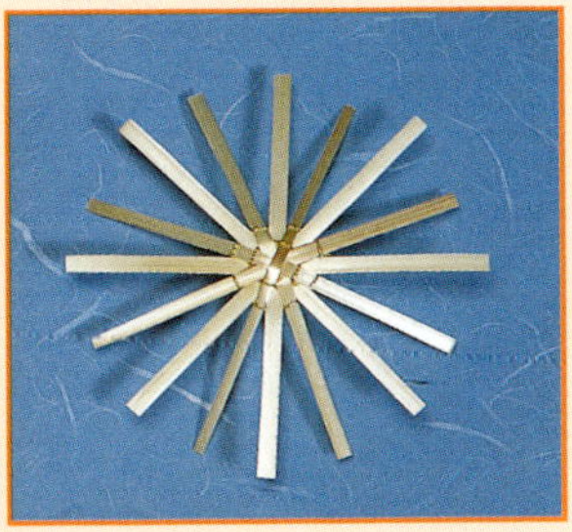
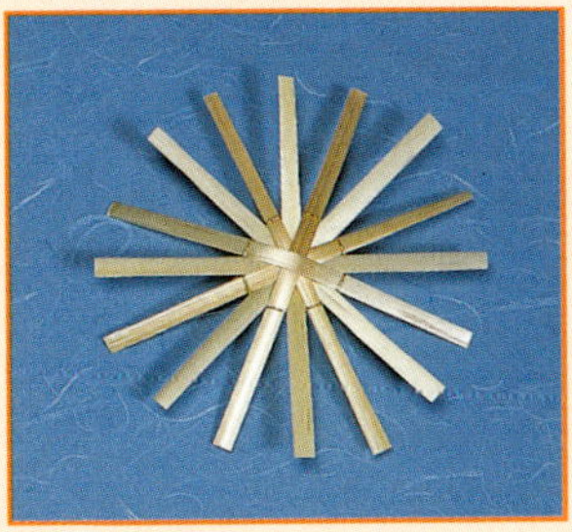

Aus 6 mach 12

Ein Sechserstern besteht aus sechs Halmen.
Sechserstern + Sechserstern = Zwölferstern

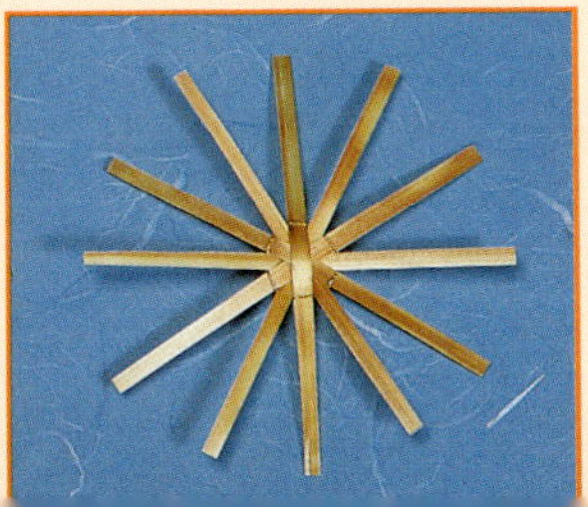
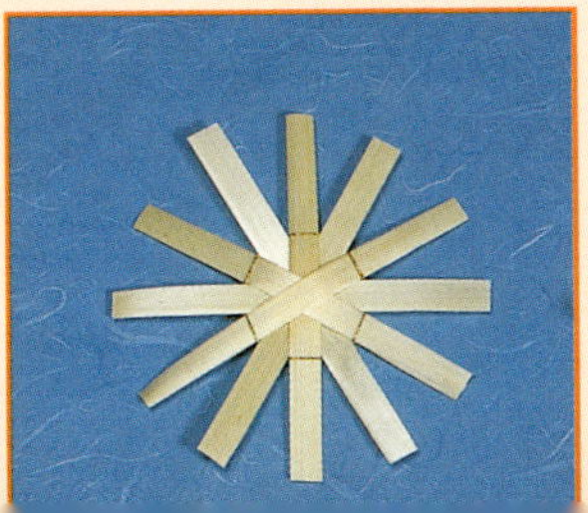

Sterne mit der Legeform binden

Stroh vorbereiten

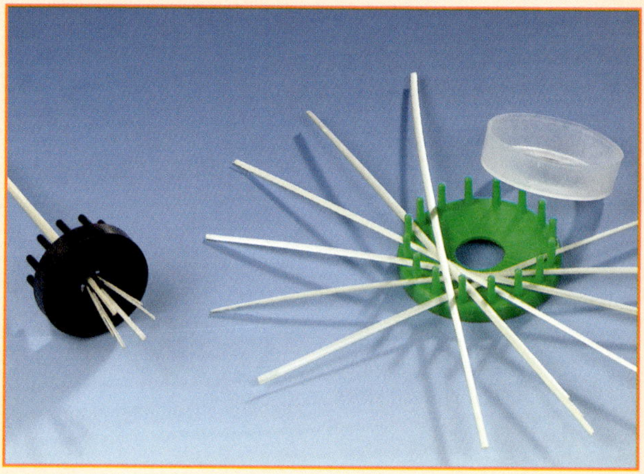

Die Halme können entweder nach dem Einweichen als Ganzes flach gebügelt werden. Oder sie werden aufgeschlitzt und gebügelt und anschließend zu Strohstreifen geschnitten. Eine weitere Möglichkeit ist es, die Halme mit dem Strohspalter, den es mit verschiedenen Einteilungen gibt, zu spalten. Hierfür den trockenen Strohhalm auf die Einkerbung in der Mitte setzen und vorsichtig durch den Strohspalter ziehen. Es entstehen gleichmäßige Streifen. Geknickte oder beschädigte Streifen gleich aussortieren. Eventuelle Fasern am Rand sauber abschneiden.
Die im Ganzen flach gebügelten Halme sollten alle die gleiche Breite von nicht mehr als 5 mm haben. Strohstreifen können auf die gewünschte Breite zugeschnitten werden. Keine gespaltenen Halme verwenden bzw. zarte Knicke auf der Rückseite mit Klebefilm sichern.

1

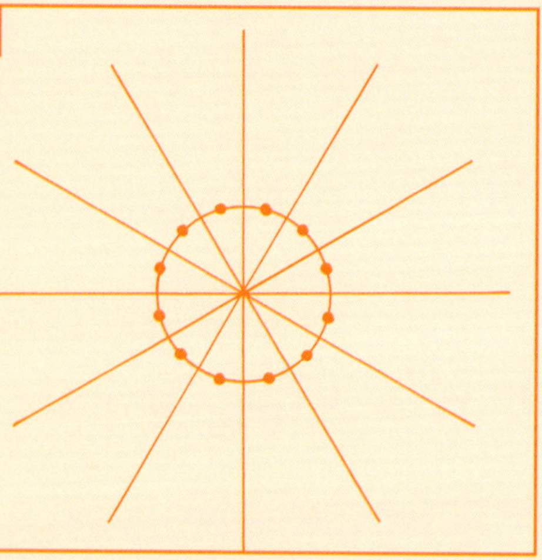

Legen der Strohhalme

Um die Halme nach Zeichnung 1 durch die Mitte zu legen, benötigt man je nach Größe der Legeform sechs bis zwölf Halme. Die Legeformen gibt es in unterschiedlichen Durchmessern mit variierender Lückenanzahl. So gibt es kleine Formen mit Durchmesser 4 cm und zwölf Lücken, mittlere Formen mit Durchmesser 6 cm und 16 Lücken oder mit Durchmesser 5,5 cm und zwölf Lücken. Die großen Legeformen haben in der Regel einen Durchmesser von 9,5 cm und 24 Lücken.

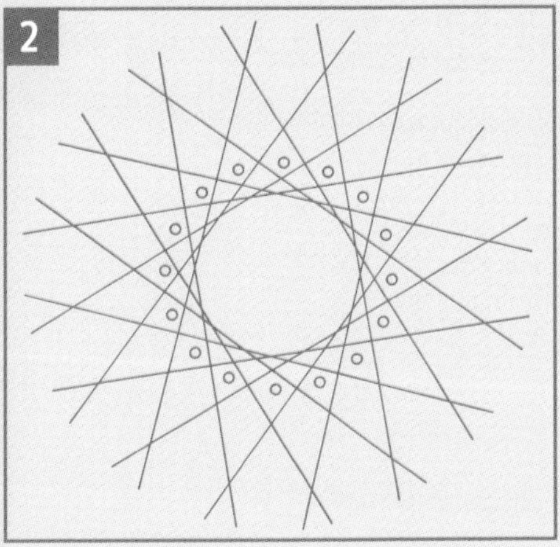

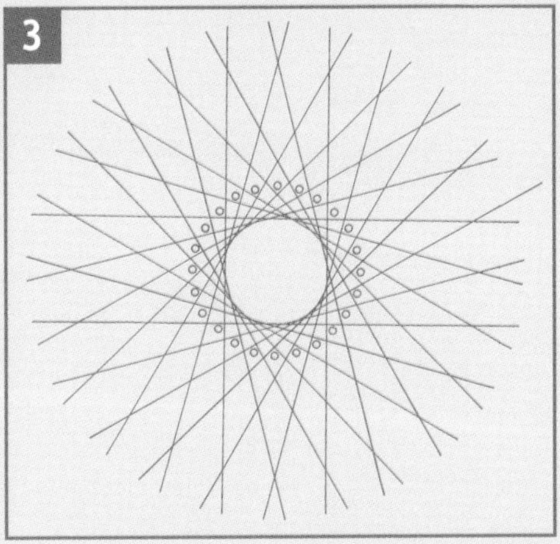

Möglich ist auch, die Sterne nicht durch die Mitte, sondern in bestimmten Abständen entlang der Rundung in die Form zu legen. So kann man jeweils eine bis sechs Lücken lassen. Zeichnung 2 zeigt einen Stern, bei dem jeder Halm mit drei Lücken zwischen die Stäbchen gelegt wurde, Zeichnung 3 einen Stern, wo die Halme mit sechs Lücken gelegt wurden.

Beim Binden immer so vorgehen: Den Gummiring bzw. Einsatz im Legegerät entfernen. Die Streifen im Uhrzeigersinn in die Form legen. Sind alle Runden eingelegt, mit der Hand die Halme in die Form drücken und den Gummiring auflegen, um die Halme zu fixieren, während man den Stern klebt oder bindet.

Nicht alle Sterne müssen gebunden werden. Einfache Sterne können auch nur punktuell, z. B. an den Halmenden, mit Kraftkleber zusammengeklebt werden.

Binden

Bei manchen Sternen ist es einfacher, sie mithilfe der Stopfnadel zu binden. Den Faden zweimal um jeden Kreuzungspunkt schlingen und entweder eine Perle auffädeln oder direkt zum nächsten Kreuzungspunkt fahren und wieder zweimal die Halme umschlingen. Die Fäden grundsätzlich immer auf der Rückseite zusammenknoten. Die Aufhängeschlinge nicht vergessen.

Einfache Sterne

MOTIVHÖHE
ca. 9 cm bis 11 cm

MATERIAL ERSTER STERN
- 12 gebügelte Strohstreifen, 2 mm breit, 10 cm lang
- 6 gebügelte Strohstreifen, 5 mm breit, 10 cm lang
- 6 gebügelte Strohstreifen, 5 mm breit, 4,5 cm lang
- Goldfaden
- kleine Legeform, ø 4 cm

ZWEITER STERN
- 12 gebügelte Strohstreifen, 4 mm breit, 9,5 cm lang
- 12 gebügelte Strohstreifen, 3 mm breit, 4 cm lang
- kleine Legeform, ø 4 cm

DRITTER STERN
- 12 gebügelte Strohstreifen, 4 mm breit, 11 cm lang
- Goldfaden
- kleine Legeform, ø 4 cm

VIERTER STERN
- 12 gebügelte Strohstreifen, 3 mm breit, 10 cm lang
- breiter gebügelter Halm (zum Ausstanzen der Sterne)
- Motivlocher „Stern", ø 1,5 cm
- kleine Legeform, ø 4 cm

Erster Stern

Die langen, breiten Halme nach Zeichnung 1, Seite 12, durch die Mitte auf die Form legen. Die zweite Runde aus den dünnen Streifen nach Zeichnung 2 (aber mit zwei Lücken) legen. Die Kreuzungspunkte je einmal umschlingen. An den Spitzen je einen breiten Halm und zwei dünne Streifen zusammenkleben. Auf je zwei Sternspitzen einen kurzen Strohstreifen kleben und spitz zuschneiden.

Zweiter Stern

Die Streifen nach Zeichnung 2 (drei Lücken), Seite 13, auf die Form legen. Jeweils zwei Halmenden überkreuzen und zusammenkleben. Die kurzen Streifen jeweils quer über die Klebestelle von zwei Spitzen und auf den letzten Streifen kleben.

Dritter Stern

Die Strohstreifen nach Zeichnung 2 (drei Lücken), Seite 13, auf die Form legen. Mit dem Goldfaden eine Runde über der Kreuzungsstelle von zwei Halmen direkt am Legeformenrand sowie eine Runde an der nächsten Kreuzungsstelle binden.

Vierter Stern

Die Strohstreifen nach Zeichnung 2 (aber mit zwei Lücken), Seite 13, auf die Form legen. Den Gummiring auflegen und jeweils zwei Halmenden zu einer Spitze zusammenkleben. Auf dem breiten Halm auf der Rückseite Klebefilm anbringen, vorsichtig zwölf Sterne ausstanzen und auf die Sternspitzen kleben.

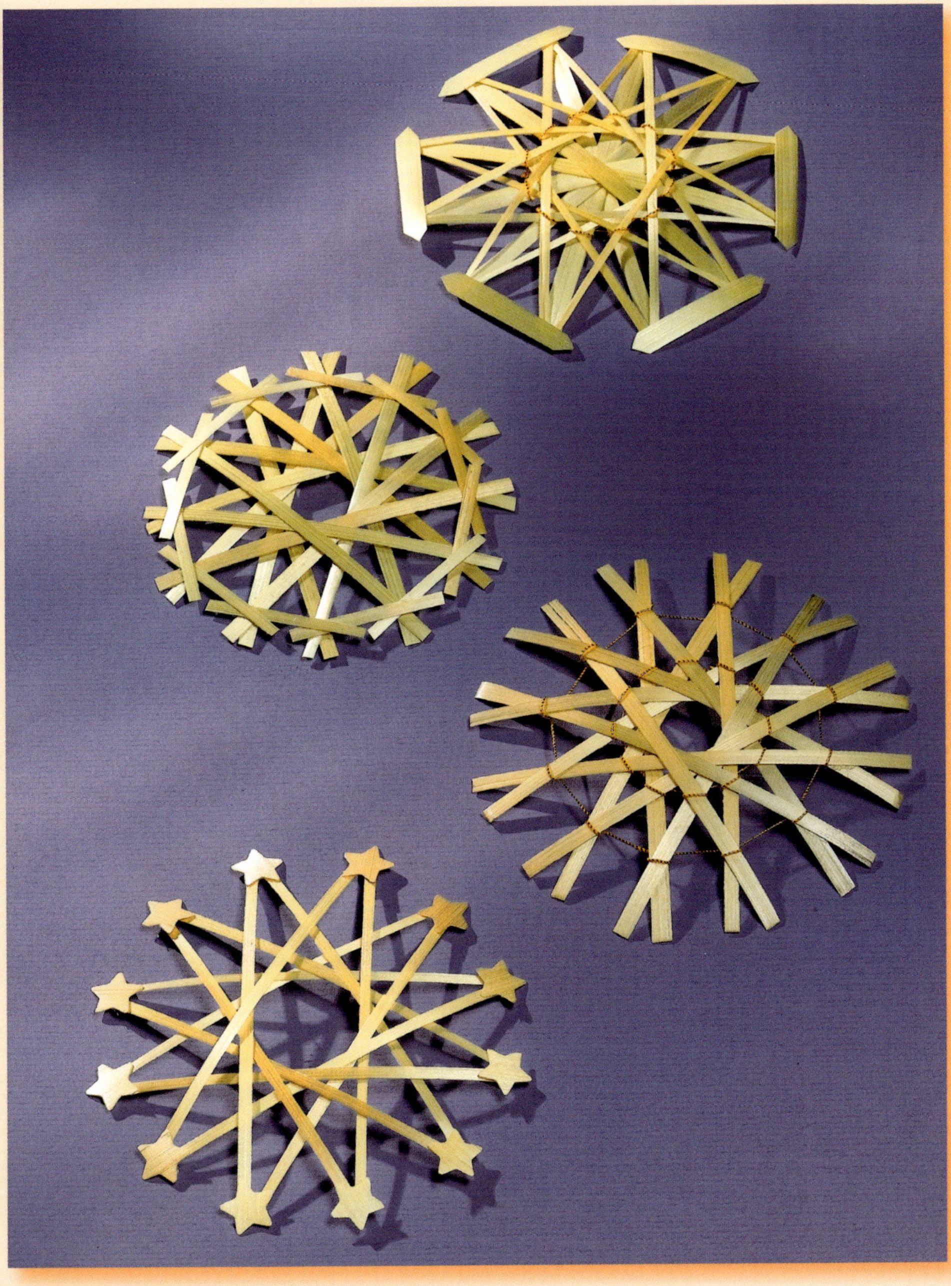

Sterne mit roten Perlen

MOTIVHÖHE
ca. 18 cm und 20,5 cm

MATERIAL
STERN MIT ZWEI PERLENKREISEN

- 24 gebügelte Strohstreifen, 5 mm breit, 18 cm lang
- 6 gebügelte Strohstreifen, 3 mm breit, 20,5 cm lang
- 24 Holzperlen in Rot, ø 6 mm
- 6 Holzperlen in Rot, ø 4 mm
- Perlgarn in Rot
- große Legeform, ø 9,5 cm

STERN MIT EINEM PERLENKREIS

- 16 ganze, gebügelte Halme, 5 mm breit, 19 cm lang
- 16 Holzperlen in Rot, ø 8 mm
- Perlgarn in Rot
- mittlere Legeform, ø 6 cm

Stern mit zwei Perlenkreisen

1 Die 20,5 cm langen Streifen nach Zeichnung 1, Seite 12, durch die Mitte in die Form legen. Mit rotem Perlgarn zusammenbinden, dabei die kleinen Perlen mit auffädeln und auf jeden zweiten Strohstreifen eine Perle ziehen.

2 Darüber die 24 Streifen nach Zeichnung 3 (sechs Lücken), Seite 13, legen.

3 Die Strohstreifen gleich lang ziehen und an den Kreuzungspunkten zweimal mit Perlgarn umwickeln, dabei jeweils eine große Perle mit auffädeln und auf den Kreuzungspunkten platzieren.

4 Die langen Enden des Innensterns spitz, die übrigen Enden V-förmig einschneiden.

Stern mit einem Perlenkreis

1 Die Halme nach Zeichnung 2 (aber mit vier Lücken), Seite 13, in die Form legen. Jeweils zwei Strohhalme an den Enden zusammenkleben und spitz zuschneiden.

2 Mit Perlgarn die Halme zweimal umschlingen und dazwischen die Perlen auffädeln.

Sterne mit rotem Faden

MOTIVHÖHE
ca. 12 cm und 22 cm

MATERIAL GROSSER DOPPELSTERN

- 16 gebügelte Strohstreifen, 4 mm breit, 16 cm lang
- 16 Strohstreifen aus dem Spalter, 2 mm breit, 22 cm lang
- 8 Strohstreifen aus dem Spalter, 2 mm breit, 22 cm lang (Innenstern)
- Perlgarn in Rot
- mittlere Legeform, ø 6 cm

GROSSER STERN MIT ROTEN PERLEN

- 4 Strohstreifen aus dem Spalter, 2 mm breit, 22 cm lang
- 4 gebügelte, gebräunte Strohstreifen, 5 mm breit, 19 cm lang
- 16 Strohstreifen aus dem Spalter, 2,5 mm breit, 16 cm lang
- 16 Holzperlen in Rot, ø 6 mm
- Perlgarn in Rot
- mittlere Legeform, ø 6 cm

KLEINER STERN MIT ROTEN PERLENSPITZEN

- 16 gebügelte, gebräunte Strohstreifen, 4 mm breit, 12 cm lang
- 8 Strohstreifen aus dem Spalter, 2 mm breit, 12 cm lang
- Perlgarn in Rot
- Holzperlen in Rot, ø 4 mm
- mittlere Legeform, ø 6 cm

Großer Doppelstern

1 Mithilfe der Legeform aus acht Strohstreifen den Innenstern nach Zeichnung 1, Seite 12, legen und zusammenbinden.

2 Die breiten Streifen nach Zeichnung 2 (aber mit vier Lücken), Seite 13, auf den Stern in der Form legen.

3 Die Legeform umdrehen und jeweils drei Halme zu einer Spitze zusammenkleben, dabei liegt jeweils ein dünner Halm in der Mitte. Mit Perlgarn über der Klebestelle abbinden.

4 Die Form wieder umdrehen und die restlichen schmalen Streifen parallel zu den breiten Streifen, ebenfalls mit vier Lücken, auflegen.

5 Wieder je drei Strohstreifen ca. 2 cm oberhalb der ersten Bindestelle zusammenkleben und mit Garn abbinden.

WEITER AUF SEITE 20

Großer Stern mit roten Perlen

1 Die breiten Strohhalme gemäß Zeichnung 1, Seite 12, über Kreuz in die Form und darüber in die Lücken die vier längsten Streifen legen. Vorsichtig mit dem Faden binden. Den Stern aus der Form nehmen.

2 Die restlichen Strohstreifen nach Zeichnung 2 (drei Lücken), Seite 13, in die Form legen.

3 Mit dem roten Faden jeweils den Kreuzungspunkt (direkt am Formenrand) zweimal umwickeln, eine Perle auffädeln, den nächsten Kreuzungspunkt umwickeln, eine weitere Perle auffädeln. So fortfahren, bis alle Perlen aufgefädelt sind. Die Fäden verknoten. Den Stern aus der Form nehmen

4 Den Perlenstern auf den ersten Stern legen, an den äußeren Kreuzungspunkten mehrmals mit rotem Faden umwickeln und auf der Rückseite verknoten. Die Spitzen wie abgebildet zuschneiden.

Kleiner Stern mit roten Perlenspitzen

1 Aus den dünnen Halmen gemäß Zeichnung 1, Seite 12, einen Stern binden. Aus der Form nehmen.

2 Die breiten Halme gemäß Zeichnung 2 (drei Lücken), Seite 13, in die Form legen.

3 Den schon gebundenen Stern auflegen und jeweils drei Halmenden zu einer Spitze zusammenkleben. Nach dem Trocknen je eine Perle auffädeln und an die Sternspitze binden. Die Spitzen zuschneiden.

Stern mit acht Minis

MOTIVHÖHE
ca. 18 cm

MATERIAL
- 4 gebügelte Strohstreifen, 7 mm breit, 8 cm lang
- 8 gebügelte, gebräunte Strohstreifen, 2 mm breit, 10,5 cm lang
- 4 gebügelte, leicht gebräunte Strohstreifen, 4 mm breit, 18 cm lang
- 40 gebügelte, leicht gebräunte Strohstreifen, 4 mm breit, 4,5 cm lang
- Goldfaden

1 Gemäß Seite 10 aus den 10,5 cm langen Halmen einen Achterstern und aus den 7 cm langen Halmen einen Viererstern binden. Die kurzen Halme als Doppel-V und die langen Halme spitz zuschneiden.

2 Auf die Enden der langen Halme mit jeweils fünf zusätzlichen kurzen Halmen je einen Sechserstern binden. Aus diesen vier langen Halmen einen Viererstern legen und diesen mit dem kleinen Viererstern zu einem Achterstern verbinden.

3 Nun beide Achtersterne versetzt so aufeinander legen, dass der dünne Stern oben liegt. Beide Achtersterne ganz vorsichtig zu einem Stern verweben.

Sternkombinationen

MOTIVHÖHE
ca. 22 cm und 20 cm

MATERIAL OBERER STERN

- 4 gebügelte Strohstreifen, 4 mm breit, 10 cm lang
- 28 sehr dünne, eingeweichte Naturstrohhalme, 22 cm lang
- Goldfaden

UNTERER STERN

- 8 gebügelte, gebräunte Strohstreifen, 1 cm breit, 10,5 cm lang
- 8 mittlere, eingeweichte Naturstrohhalme, 22 cm lang
- 4 ganze gebügelte Halme, 3 mm breit, 13 cm lang
- Goldfaden

Oberer Stern

1 Je vier dünne Halme zum Viererstern binden, macht sieben Sterne. Je zwei Sterne versetzt aufeinander legen und verweben, macht drei Sterne. Ein Viererstern bleibt übrig.

2 Aus den gebügelten Halmen einen weiteren Viererstern fertigen. Diesen Stern mit dem übrigen Viererstern so verweben, dass die gebügelten Halme oben liegen. Nun je zwei von diesen vier Achtersternen zusammenweben, macht zwei Sterne.

3 Diese beiden Sterne wieder so miteinander verweben, dass der Stern aus gebügelten Halmen oben liegt.

4 Zwischen den gebügelten Halmen jeweils sieben Halme zu einer Spitze zusammenpressen und abbinden. Die Spitzen der gebügelten Halme V-förmig einschneiden.

Unterer Stern

1 Die gebräunten Halme Rückseite auf Rückseite zusammenkleben und zu einem Viererstern binden. Die Spitzen wie abgebildet einschneiden.

2 Von den acht langen Halmen je zwei parallel nebeneinander legen und so alle acht zu einem Viererstern binden. Beide Sterne versetzt aufeinander legen und zusammenweben, so dass der kleinere Stern aus den breiten Halmen oben liegt.

3 5 mm nach der letzten Bindereihe jeweils zwei Naturstrohhalme zusammendrücken und zusammenbinden *.

4 Die zusammengebundenen Halme spreizen und wie abgebildet zu überkreuzten Spitzen binden. Die Enden zuschneiden.

5 Aus den restlichen vier Halmen ebenfalls einen Viererstern fertigen. Diesen auf den fertigen Stern legen und an den zusammengefassten Stellen * anbinden.

Achtzackiger Stern mit kleinen Sternchen

MOTIVHÖHE
ca. 19 cm

MATERIAL
- 4 dicke, eingeweichte Naturstrohhalme, 6 cm lang
- 8 mittlere, eingeweichte Naturstrohhalme, 21 cm lang
- je 8 gebügelte Strohstreifen, 3 mm breit, 7 cm, 8,5 cm und 10 cm lang, spitz zugeschnitten
- 4 Vierersterne aus gebügelten, leicht gebräunten Strohstreifen, 3 mm breit, 3 cm lang (angefertigt gemäß Seite 10)
- Goldfaden
- Perlgarn in Gelb

1 Aus den acht langen Strohhalmen einen Viererstern binden, dabei je zwei Halme parallel legen. Aus den kurzen Halmen ebenfalls einen Viererstern fertigen. Beide Sterne versetzt aufeinander legen und miteinander verweben.

2 1,5 cm nach der letzten Bindereihe je zwei lange, nebeneinander liegende Halme zusammendrücken und mit Perlgarn abbinden.

3 Die Halmpaare spreizen und je zwei Halme mit Goldfaden zu Sternspitzen zusammenbinden. In die kurzen Halmenden jeweils zwei kurze, zwei mittlere und zwei lange Strohbögen in gleichmäßigen Abständen übereinander kleben.

4 Den Goldfaden über dem Perlgarn festknoten und zu den nächsten beiden langen Halmen spannen, dazwischen den Faden einmal um die kurzen Halmenden schlingen; dazu am besten eine Stopfnadel verwenden.

5 Abschließend an den kleinen Sternen die Spitzen zuschneiden und wie abgebildet aufkleben.

Zwei Sternsonnen

MOTIVHÖHE
ca. 21 cm und 22 cm

MATERIAL OBERER STERN

- 2 Achtersterne aus dünnen, eingeweichten Naturstrohhalmen, 22 cm lang (angefertigt gemäß Seite 10)
- Perlgarn in Rot
- 16 Holzperlen in Rot, ø 8 mm

UNTERER STERN

- 8 gebügelte, gebräunte Strohstreifen, 1,2 cm breit, 11,5 cm lang
- 8 dünne, eingeweichte Naturstrohhalme, 18 cm lang
- 8 dicke, eingeweichte Naturstrohhalme, 22 cm lang
- 1 Viererstern aus gebügelten, leicht gebräunten Strohstreifen, 1,2 cm breit, 3,5 cm lang (angefertigt gemäß Seite 10)
- Perlgarn in Rot
- je 8 Holzperlen in Rot, ø 4 mm und ø 6 mm

Oberer Stern

1 Beide Sterne versetzt aufeinander legen und vorsichtig miteinander verweben.

2 Ca. 1,3 cm nach der letzten Fadenrunde jeweils zwei Halme zusammenbinden. An einer Bindestelle 1 m Perlgarn anknoten, das kurze Ende hängen lassen, auf das lange Ende eine Perle auffädeln, den Faden zweimal um die nächste Bindestelle schlingen, eine weitere Perle aufziehen usw. Sind alle Perlen aufgefädelt, beide Fadenenden fest miteinander verknoten.

3 Als Sternspitzen immer zwei Halme fest zusammenbinden, nämlich den ersten und den sechsten Halm, den zweiten und den siebten Halm, den dritten und den achten Halm usw. Die Spitzen zuschneiden.

Unterer Stern

1 Die breiten Halme Rückseite auf Rückseite aufeinander kleben, einen Viererstern binden und die Halmenden spitz zuschneiden.

2 Von den acht dicken Halmen je zwei parallel nebeneinander legen und aus allen acht einen Viererstern fertigen. Die beiden Sterne versetzt aufeinander legen und miteinander verweben.

3 Aus den dünnen Halmen einen Achterstern binden. Nun wieder die beiden Sterne versetzt aufeinander legen und miteinander verweben.

4 1 cm nach der letzten Fadenreihe jeweils vier Halme vorsichtig zusammenfassen und abbinden. Aus je zwei dünnen und darüber zwei dicken Halmen gleichmäßige Sternspitzen binden.

5 Den kleinen Viererstern in die Mitte und die Perlen wie abgebildet aufkleben.

Doppelter Stern

MOTIVHÖHE
ca. 22 cm

MATERIAL

- 4 dünne, eingeweichte Naturstrohhalme, 5 cm lang
- 80 mittlere, eingeweichte Naturstrohhalme, 22 cm lang
- 4 Mini-Viererstserne aus gebügelten Strohstreifen, 3 mm breit, 4 cm lang (angefertigt gemäß Seite 10)
- 1 Viererstern aus ganzen, gebügelten Halmen, 4 mm breit, 8,5 cm lang (Innenstern) (angefertigt gemäß Seite 10)
- Pappe oder Papier
- Zirkel
- Goldfaden
- Perlgarn in Gelb

1 Einen Viererstern aus den vier kurzen Halmen binden.

2 Für die Fächer zehn Halme parallel nebeneinander legen und nach 3 cm fest mit Perlgarn abbinden (siehe Zeichnung rechts). Die Fächerschablone mit einem Radius von 5 cm auf Pappe oder Papier aufzeichnen und in acht Teile stückeln. Bis auf den sechsten Halm werden die restlichen Halme genau nach Schablone schräg abgeschnitten. Jetzt die Fächer auf den Innenstern kleben, dabei den vierten oder sechsten Halm auf den Halm des Innensterns ziehen.

3 Die Halme der Fächer in zwei Gruppen zu je fünf Halmen teilen und nach weiteren 4 cm wieder zu zehn Halmen zusammenfassen. Danach die Halme wieder teilen.

4 Für die Spitzen zuerst die beiden äußeren Halme zusammenbinden (13 cm). Nach 11,5 cm, 10 cm, 8,5 cm und 7 cm jeweils zwei Halme mit Goldfaden zusammenfassen. Die Strohhalme an den Enden wie abgebildet abschrägen.

5 Die Enden der kleinen Sterne sowie des Mittelsterns wie abgebildet zuschneiden und aufkleben.

Fächerschablone

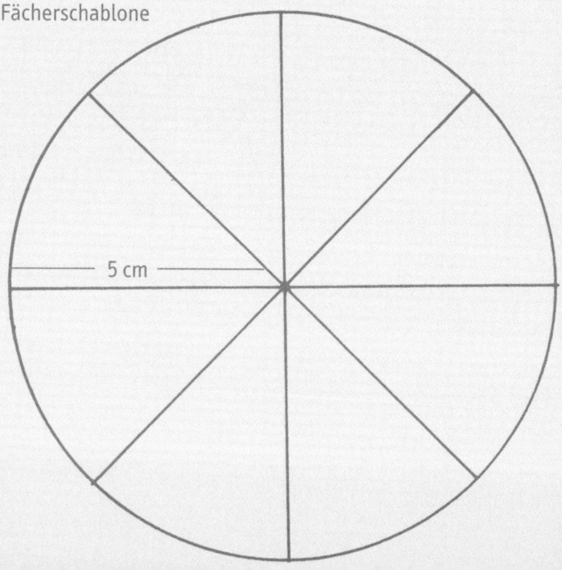

Ährensterne

MOTIVHÖHE
ca. 21 cm

MATERIAL
STERN MIT RUNDBÖGEN
- 6 gebügelte Strohstreifen, 6 mm breit, 11 cm lang
- 6 mittlere, eingeweichte Naturstrohhalme, 10,5 cm lang
- 12 gebügelte Strohstreifen, 3 mm breit,12 cm lang
- 1 Sechserstern aus gebügelten Strohstreifen, 5 mm breit, 4,5 cm lang (angefertigt gemäß Seite 10)
- 12 Rauchweizenähren
- Goldfaden

STERN MIT SPITZBÖGEN
- 6 ganze, gebügelte, gebräunte Halme, 6 mm breit, 9 cm lang
- 6 dicke, eingeweichte Naturstrohhalme, 8 cm lang
- je 6 gebügelte Strohstreifen, 3 mm breit, 13 cm und 12 cm lang
- 12 gebügelte Strohstreifen, 3 mm breit, 11 cm lang
- 12 Rauchweizenähren
- Faden in Braun

Stern mit Rundbögen

1 Aus den Naturstrohhalmen und den gebügelten Halmen je einen Sechserstern binden. Beide Sterne versetzt aufeinander legen und miteinander verweben.

2 Die spitz zugeschnittenen Enden der Strohstreifen in die ganzen Halme kleben, dabei immer einen Halm überspringen.

3 Zwischen die Strohstreifen jeweils eine Ähre in die ganzen Halmenden kleben.

4 Den Ministern in die Mitte kleben.

Stern mit Spitzbögen

1 Aus den 8 cm und 9 cm langen Halmen jeweils einen Sechserstern binden. Beide Sterne versetzt aufeinander legen und miteinander verweben.

2 Die Enden der gebügelten Halme spitz zuschneiden.

3 In jedes zweite Halmende drei in der Mitte geknickte Strohstreifen, 11 cm, 12 cm und 13 cm lang, einkleben. In die überbrückten Halmenden die restlichen sechs Strohstreifen einkleben.

4 Den Stern umdrehen und vorsichtig die auf 2 cm gekürzten Ährenstiele zwischen die Strohstreifen in die eingeweichten Halme kleben.

Stern mit Schweif

MOTIVHÖHE
ca. 29 cm

MATERIAL
- 12 gebügelte, gebräunte Strohstreifen, 1,3 cm breit, 14 cm lang
- 6 dünne, eingeweichte Naturstrohhalme, 16 cm lang
- 1 Mini-Sechserstern aus gebügelten, gebleichten Strohstreifen, 3 mm breit, 3,5 cm lang (angefertigt gemäß Seite 10)
- 17 mittlere, eingeweichte Naturstrohhalme, 22 cm lang (Schweif)
- 24 Glasstifte in Gold, twistet mit Silbereinzug, 1,2 cm lang
- Goldfaden
- Perlgarn in Gold

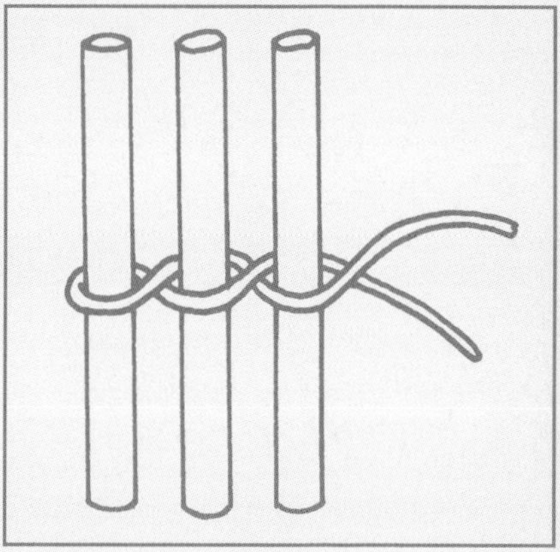

1 Schweif: Die 17 eingeweichten Halme parallel nebeneinander legen, an einer Seite nach 5 cm fest zusammendrücken, abbinden und spitz zuschneiden. Die langen Halme in drei Reihen mit Perlgarn umschlingen (siehe Zeichnung). Die Halmenden schräg abschneiden. Sind die Halme getrocknet, nochmals fest nachknoten.

2 Die gebügelten Halme Rückseite auf Rückseite zusammenkleben und einen Sechserstern binden. Aus den eingeweichten dünnen Halmen ebenfalls einen Sechserstern fertigen. Beide Sterne versetzt aufeinander legen und miteinander zu einem Stern verweben.

3 Nach der letzten Binderunde mit dem Goldfaden die Glasstifte auf die breiten Halme fädeln, dabei den Goldfaden jeweils um den dünnen Halm schlingen. Für die innere Runde muss eine Stopfnadel verwendet werden.

4 Den Mini-Stern V-förmig einschneiden und in die Sternmitte kleben. Den Schweif auf der Sternrückseite festkleben und die beiden ganzen Strohhalme auf dem Schweif etwas kürzer schneiden.

Filigrane Sterne

MOTIVHÖHE
ca. 8 cm, 11,5 cm und 16 cm

MATERIAL GROSSER STERN
- 8 gebügelte Strohstreifen, 6 mm breit, 16 cm lang
- 8 gebügelte, gebräunte Strohstreifen, 4 mm breit, 11 cm lang
- Motivlocher „Stern“, ø 1,3 cm
- gebügelte Strohstreifen (um Sterne auszustanzen)
- Goldfaden

OBERER STERN
- 6 gebügelte Strohstreifen, 3 mm breit, 8 cm lang
- 6 gebügelte, gebräunte Strohstreifen, 5 mm breit, 4,5 cm lang
- Goldfaden

MITTLERER STERN
- 6 gebügelte, gebräunte Strohstreifen, 3 mm breit, 11,5 cm lang
- 6 gebügelte Strohstreifen, 6 mm breit, 6,5 cm lang
- Goldfaden

Großer Stern

1 Jeweils aus den langen und kurzen Halmen wie auf Seite 10 beschrieben einen Achterstern binden. Beide Sterne miteinander zu einem Stern verweben.

2 Die kurzen Halmenden V-förmig und die langen Halmenden mit drei Spitzen einschneiden.

3 Einen breiten gebügelten Strohhalm auf der Rückseite mit Klebefilm bekleben und vorsichtig 16 Sterne ausstanzen. Wie abgebildet auf die hellen Strohhalme kleben.

Kleiner und mittlerer Stern

Die kleinen Sterne folgendermaßen binden: aus je sechs Streifen gleicher Breite einen Sechserstern binden (siehe Anleitung Seite 10). Die beiden Sterne so miteinander verweben, dass der Stern aus den breiteren Streifen unten liegt, und die Spitzen wie abgebildet einschneiden. Dabei beim unteren Stern die breiten Spitzen vor dem Einschneiden mit Klebefilm hinterkleben.

Sterne mit Rund- und Spitzbögen

MOTIVHÖHE
ca. 17,5 cm und 20 cm

MATERIAL RUNDBOGENSTERN

- 12 gebügelte Strohstreifen, 1,2 cm breit, 14,5 cm lang
- 6 gebügelte, gebräunte Strohstreifen, 6 mm breit, 6,5 cm lang
- 6 dicke, eingeweichte Naturstrohhalme, 10,5 cm lang
- 12 Strohstreifen, 3 mm breit, 14 cm lang
- Faden in Braun

SPITZBOGENSTERN

- 8 gebügelte Strohstreifen, 1 cm breit, 14 cm lang
- 4 dicke, eingeweichte Naturstrohhalme, 8 cm lang
- je 8 gebügelte Strohstreifen, 3 mm breit, 12 cm und 14 cm lang (Spitzbögen)
- 8 gebügelte Strohstreifen, 12 cm lang (Rundbögen)
- 1 Viererstern aus gebügelten Strohstreifen in Braun, 6 mm breit, 4 cm lang, spitz zugeschnitten (angefertigt gemäß Seite 10)
- 32 gebügelte Strohstreifen in Braun, 3 mm breit, 2 cm lang
- Perlgarn in Braun

Rundbogenstern

1 Die gebräunten Halme V-förmig einschneiden.

2 Die breiten, gebügelten Halme Rückseite auf Rückseite aufeinander kleben. Auf die Mitte jeden Strohhalms einen gebräunten Halm kleben und die Halme zu einem Sechserstern binden. Aus den eingeweichten Strohhalmen ebenfalls einen Sechserstern fertigen. Beide Sterne versetzt aufeinander legen und miteinander zu einem Stern verweben.

3 Die flachen Halme V-förmig einschneiden.

4 In die ganzen Halmenden die Strohstreifen so einkleben, dass jeweils ein Halmende überbrückt wird.

Spitzbogenstern

1 Die breiten Strohstreifen Rückseite auf Rückseite zusammenkleben und zu einem Stern verweben. Aus den eingeweichten Halmen ebenfalls einen Viererstern binden. Beide Sterne miteinander zu einem Achterstern verweben.

WEITER AUF SEITE 38

2 Die gebügelten Halmenden spitz zuschneiden.

3 Für die Spitzbögen die Strohstreifen in der Mitte leicht anknicken und in gleichmäßigen Abständen über die Sternspitzen in die ganzen Halme kleben.

4 Die Rundbögen überbrücken jeweils ein Halmende und zwei Spitzen. In die Mitte den kleinen Stern kleben.

5 Acht Vierersterne aus je vier kurzen, braunen Halmen zusammenkleben. (Die Halme sind zu zart, um sie zu binden.) Zwischen den einzelnen Arbeitsgängen immer gut trocknen lassen. Wie abgebildet auf die ganzen Halmenden kleben.

Komet

MOTIVHÖHE
ca. 32 cm

MATERIAL
- 7 ganze, gebügelte Halme, 5 mm breit, 22 cm lang (Schweif)
- 35 gebügelte Strohstreifen, 3 mm breit, 3,5 cm lang (an den Schweif gebundene Ministerne)
- je 8 gebügelte Strohstreifen, 6 mm und 3 mm breit, 16 cm lang (Stern)
- 6 gebügelte Strohstreifen, 4 mm breit, 4 cm lang (kleiner Stern in der Mitte)
- Goldfaden
- Kartonrest

1 Aus den 6 mm und 3 mm breiten Halmen jeweils einen Achterstern binden. Aus den 4 mm breiten und 4 cm langen Halmen einen kleinen Sechserstern binden.

2 Die beiden großen Sterne versetzt aufeinander legen und miteinander verweben. In der Mitte den kleinen Stern aufkleben. Die Spitzen wie abgebildet einschneiden.

3 Für die kleinen Sterne am Schweif je ein langes Halmende mit fünf 4 cm langen Halmen zu einem Sechserstern verweben. Die Sternspitzen zu einem Doppel-V einschneiden. Die Strohhalme leicht gespreizt zu einem Sternschweif auf einen Kartonrest kleben und diesen mit Klebstoff auf der Rückseite des Sterns befestigen.

Natürliche Sterne

MOTIVHÖHE
ca. 9,5 cm bis 21,5 cm

MATERIAL GROSSER STERN IN NATUR-BRAUN
- 12 gebügelte Strohstreifen, 3 mm breit, 22 cm lang
- je 6 gebügelte Strohstreifen in Braun, 3 mm und 8 mm breit, 22 m lang
- Goldfaden

HELLER STERN MIT BRAUNEM INNEN-STERN
- 6 gebügelte Strohstreifen, 1,2 cm breit, 11 cm lang
- 3 gebügelte Strohstreifen in Braun, 4 mm breit, 6,5 cm lang
- 6 gebügelte Strohstreifen, 3 mm breit, 12 cm lang
- 3 gebügelte Strohstreifen, 3 mm breit, 14 cm lang
- 3 gebügelte Strohstreifen in Braun, 1 mm breit, 4 cm lang
- Perlgarn in Braun

KLEINER STERN IN NATUR-BRAUN
- 6 gebügelte Strohstreifen, 2 mm breit, 10,5 cm lang
- 12 gebügelte Strohstreifen in Braun, 2 mm breit, 11 cm lang
- Goldfaden
- kleine Legeform, ø 4 cm

Großer Stern in Natur-Braun

1 Aus den hellen Halmen je zwei Sechsersterne fertigen. Beide Sterne zu einem Stern miteinander verweben. Die breiten braunen Halme auf der Rückseite an den Enden mit Klebefilm versehen.

2 Aus je sechs gleich breiten braunen Halmen einen Sechserstern binden. Beide braunen Sterne zu einem Stern miteinander verbinden.

3 Den hellen Stern versetzt auf den braunen Stern legen und beide Sterne vorsichtig miteinander verweben.

4 Die Sternspitzen wie abgebildet einschneiden.

Heller Stern mit braunem Innenstern

1 Die breiten Halme mit den Rückseiten aneinander kleben und die braunen, 6 cm langen Halme in der Mitte aufkleben. Mit diesen und den 14 cm langen Halmen einen Sechserstern binden.

2 Aus den 12 cm langen Halmen ebenfalls einen Sechserstern fertigen. Beide Sterne versetzt so aufeinander weben, dass die breiten Halme unten liegen.

WEITER AUF SEITE 42

3 Die feinen Strohstreifen in der Mitte zwischen den breiteren braunen Halmen aufkleben.

4 Die Sternspitzen wie abgebildet zuschneiden.

Kleiner Stern in Natur-Braun

1 Die sechs hellen Halme nach Zeichnung 1, Seite 12, durch die Mitte in die Form legen und mit Goldfaden binden.

2 Die braunen Halme gemäß Zeichnung 2 (aber mit zwei Lücken), Seite 13, auflegen.

3 Beidseitig neben einem hellen Halm jeweils einen braunen Halm zu einer Spitze zusammenbinden.

Tipp: Die beiden hellen Sterne unten im Bild sind doppelte Achtersterne, die mit rotem Perlgarn zusammengebunden wurden. Der besondere Effekt kommt zustande, da die verwendeten Halme in ganz unterschiedliche Breiten geschnitten sind.

Stern mit Bögen

MOTIVHÖHE
ca. 22,5 cm

MATERIAL

- je 8 dicke, eingeweichte Naturstrohhalme, 7 cm und 20 cm lang
- 16 gebügelte Strohstreifen, 3 mm breit, 10 cm lang
- 8 Achtersterne aus ggf. gebügelten, gebräunten Strohstreifen, 4 mm breit, 3,5 cm lang (angefertigt gemäß Seite 10)
- Goldfaden

1 Je einen Achterstern aus den langen und kurzen Naturhalmen binden. Beide Sterne versetzt aufeinander legen und mit dem Goldfaden verweben. Die inneren Fäden aufschneiden.

2 Auf der Sternrückseite jeweils zwei lange Halme 3,5 cm von der Sternmitte entfernt fest zusammenbinden.

3 Den Stern wieder umdrehen und die 16 Streifen als abgerundete Bögen in die kurzen Halmenden einkleben. Ein Rundbogen überbrückt zwei Halme.

4 Die langen Halme spreizen und jeweils zwei Halme zu einer Sternspitze zusammenbinden. Auf die Bindestelle die Ministerne kleben und wie abgebildet die Enden einschneiden.

Zweifarbiger Stern

MOTIVHÖHE
ca. 58 cm

MATERIAL

- 12 Mini-Sechsersterne aus gebügelten Strohstreifen in Orange, 3 mm breit, 4,5 cm lang (angefertigt gemäß Seite 10)
- 6 dicke, eingeweichte Halme aus gebleichtem Stroh, 22 cm lang (Mittelstern)
- Sternspitzen: 24 mittlere, eingeweichte Naturstrohhalme in Orange, 15,5 cm lang
- je 24 eingeweichte, mittlere Naturstrohhalme aus gebleichtem Stroh, 20 cm und 22 cm lang
- 6 gebügelte Strohstreifen in Orange, 3 mm breit, 9 cm lang
- 6 gebügelte Strohstreifen in Orange, 2 mm breit, 6 cm lang
- Perlgarn in Orange

1 Die Enden der orangefarbenen Mini-Sechsersterne V-förmig einschneiden. Für den Mittelstern aus den sechs dicken Halmen einen Sechserstern binden.

2 Die Sternspitzen gemäß der Zeichnung von außen nach innen arbeiten: An die Halmenden des Innensterns beidseitig jeweils einen 20 cm langen Halm anlegen, die Halme fest zusammendrücken und straff festbinden. Die Halmenden an der Bindestelle knicken, spreizen und paarweise zur äußeren Spitze zusammenbinden.

3 Für die mittlere Sternspitze die 22 cm langen Halme nach 13,5 cm knicken und wieder an den Spitzen paarweise zusammenbinden. Für die inneren Spitzen in Orange werden je zwei Halme nach 10,5 cm geknickt und wiederum an den Halmenden zusammengebunden. Die Spitzen in die bereits am Innenstern befestigten Außenspitzen legen und an der gleichen Stelle an den Knickstellen straff festbinden.

4 Die Ministerne auf die Bindestellen kleben.

5 Für den Innenstern in Orange je einen Sechserstern binden und beide Sterne versetzt aufeinander kleben. Die langen Halme spitz und die kurzen V-förmig einschneiden. Den Stern auf die Sternmitte kleben.

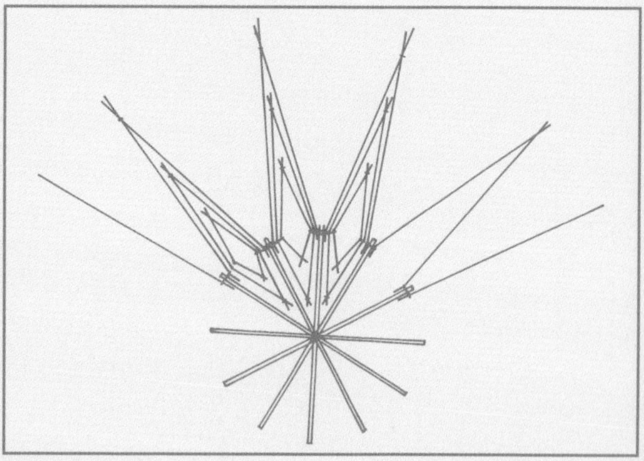

Großer Ährenstern

MOTIVHÖHE
ca. 58 cm

MATERIAL
- 6 dicke, eingeweichte Langstrohhalme, 28 cm lang
- je 24 mittlere, eingeweichte Strohhalme, 16,5 cm und 20,5 cm lang
- 24 mittlere, eingeweichte Langstrohhalme, 26 cm lang
- 1 Sechserstern aus gebügelten Strohstreifen, 4 mm breit, 6 cm lang (angefertigt gemäß Seite 10)
- 1 Sechserstern aus Strohstreifen aus dem Spalter, 2 mm breit, 6 cm lang (angefertigt gemäß Seite 10)
- 12 Rauchweizenähren
- Goldfaden
- Perlgarn in Gelb
- je 12 gebügelte Strohstreifen, 3 mm breit, 9,5 cm , 13 cm und 21 cm lang (Tropfen)

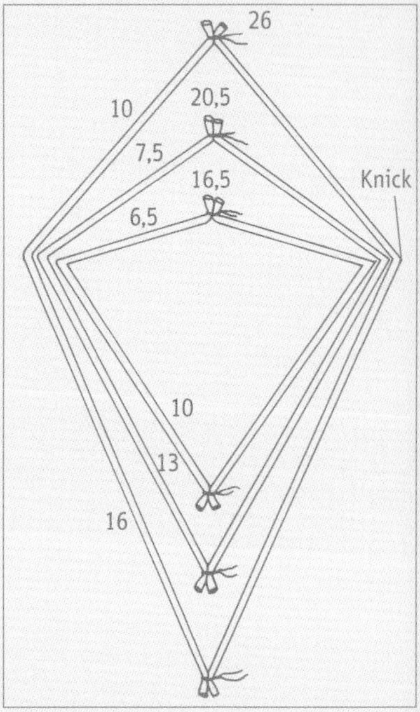

1 Die beiden kleinen Sechsersterne für die Mitte zu einem Stern miteinander verweben. Die Enden der breiteren Halme als Doppel-V einschneiden.

2 Für die Tropfen die Strohstreifen in der Mitte knicken, zusammenkleben und mit einer Wäscheklammer fixieren. Alle drei Tropfen ineinander kleben und die Klebestelle wieder mit einer Klammer zusammenhalten.

3 Aus den sechs 28 cm langen Strohhalmen den Innenstern als Sechserstern binden und die Ähren einkleben.

4 Für die Zacken gemäß Zeichnung jeweils zwei Halme mit 26 cm Länge nach 16 cm, die Halme mit 20,5 cm Länge nach 13 cm und die Halme mit 16,5 cm Länge nach 10 cm knicken. Die Halmpaare beidseitig an den Spitzen abbinden. Jeweils drei Spitzenpaare ineinander legen und beidseitig an den Halmenden des Innensterns mit Perlgarn festbinden. Die Bindestelle mit Goldfaden umwickeln.

5 Die Tropfen und den Innenstern wie abgebildet aufkleben.

Stern mit Perlen

MOTIVHÖHE
ca. 11 cm

MATERIAL
- 1 Achterstern aus ganzen, gebügelten, gebräunten Halmen, 3 mm breit, 5 cm lang (angefertigt gemäß Seite 10)
- 12 gebügelte Strohstreifen, 3 mm breit, 10,5 cm lang
- 12 Olivenperlen in Silber, 6 mm lang
- 24 Rocailles mit Silbereinzug, ø 2,2 mm
- Silberfaden
- mittlere Legeform, ø 5,5 cm

1 Die Halme nach Zeichnung 2, Seite 13, jedoch mit zwei Lücken in die Form legen.

2 Am Kreuzungspunkt von zwei Halmen den Silberfaden mitteln, zweimal um die Halme legen, eine Rocaille, eine Olivenperle und eine Rocaille auffädeln, zweimal um den nächsten Kreuzungspunkt schlingen und wieder die Perlen auffädeln. So fortfahren, bis alle Perlen aufgefädelt sind. Auf der Rückseite verknoten.

3 Am kleinen Stern die Halmenden spitz zuschneiden und ihn in der Mitte aufkleben. Die Spitzen des großen Sternes V-förmig einschneiden.

IMPRESSUM

KONZEPT UND LEKTORAT: Katrin Gerweck
GESTALTUNG: Heike Wenger
FOTOS: frechverlag GmbH, 70499 Stuttgart; Fotostudio Ullrich & Co., Renningen
DRUCK: frechdruck GmbH, 70499 Stuttgart

Auflage: 5. 4. 3. 2. 1.
Jahr: 2010 2009 2008 2007 2006 [Letzte Zahlen maßgebend]

ISBN 10: 3-7724-5653-7
ISBN 13: 978-3-7724-5653-4
Best.-Nr. 5653